提升想象力 培养创造力

创造力 逻辑思考能力 协作能力

高级STEM课程系列教材

用Scratch玩转数学

杨 鹏 陈雪松 韩 静 田再来 伍彦宣 熊永成 张 柯 主编

电子科技大学出版社

图书在版编目(CIP)数据

用 Scratch 玩转数学 杨鹏等主编. －－ 成都 : 电子科技大学出版社, 2017.5

ISBN 978－7－5647－4508－0

Ⅰ. ①用… Ⅱ. ①杨… Ⅲ. ①计算机课－小学－教学参考资料 Ⅳ. ①G624.583

中国版本图书馆 CIP 数据核字(2017)第 109407 号

用 Scratch 玩转数学

杨　鹏　陈雪松　韩　静　田再来　伍彦宣　熊永成　张　柯 **主编**

出　　版: 电子科技大学出版社(成都市一环路东一段 159 号电子信息产业大厦 邮编:610051)

策划编辑: 张　鹏

责任编辑: 张　鹏

主　　页: www.uestcp.com.cn

电子邮箱: uestcp@uestcp.com.cn

发　　行: 电子科技大学出版社发行部

印　　刷: 四川煤田地质制图印刷厂

成品尺寸: 170mm×230mm　　**印张**: 5.75　　**字数**: 100 千

版　　次: 2017 年 05 月第一版

印　　次: 2017 年 05 月第一次印刷

书　　号: ISBN 978－7－5647－4508－0

定　　价: 24.00 元

编 委 会

序

信息化的概念起源于20世纪60年代的日本，首先是由一位日本学者提出来的，而后被译成英文传播到西方。西方社会普遍使用“信息社会”和“信息化”的概念是20世纪70年代后期才开始的。关于信息化的表述，在中国学术界和政府内部作过较长时间的研讨。根据最新公布的2006－2020年国家信息化发展战略，信息化是充分利用信息技术，开发利用信息资源，促进信息交流和知识共享，提高经济增长质量，推动经济社会发展转型的历史进程。

早在2002年，党的十六大就提出“加速发展信息产业，大力推进信息化，以信息化带动工业化”的战略构想。而如何培养出符合国家战略规划需求的信息学人才，如何普及信息学知识，是教育工作者亟待深入研讨的重要课题。2014年，由非营利组织Code.org举办的“编程一小时”活动是国外信息学教育走向大众化的一次成功尝试：美国前总统奥巴马、加拿大总理Justin Trudeau纷纷亲自上阵编写程序，普及信息学教育。此后，《我的世界（Minecraft）》等一大批寓教于乐的优秀信息学游戏案例出现后在全球广受好评。

STEAM是集科学、技术、工程、艺术、数学于一体的教育思想体系。2016 年教育部出台的《教育信息化"十三五"规划》中明确指出："有效利用信息技术推进'众创空间'建设，探索 STEAM 教育、创客教育等新教育模式，使学生具有较强的信息意识与创新意识，养成数字化学习习惯，具备重视信息安全、遵守信息社会伦理道德与法律法规的素养。"作为 STEAM 教育的重要分支，信息学教育可以在 STEAM 的教育体系中，借由和数学教育、工程教育等有效结合，将数学思维、计算思维、逻辑思维植入信息学的基础教学环节，提升学生基础素质，实现信息学教育的大众化。

四川省青少年信息学奥林匹克竞赛组织委员会积极致力于信息学教育面向小学的推广，特组织编写本书。本书从学生日常生活中的各种问题入手，既让数学教学具象化、趣味化，让工程问题抽象化、逻辑化；又让信息学教育大众化、游戏化。这不仅激发了学生的兴趣，又寓教于乐，也为信息学教育的全面普及开启了全新的教育思路。

本书所采用的主要软件 Scratch，是由美国麻省理工学院推出的免费产品。它是一款适合于少年儿童用来学习编程和交流的工具和平台。Scratch 采用 Java 构建，作品可以随意发布到互联网、光盘和 U 盘上。该软件的中文版利用图形化界面，把编程需要的基本技巧囊括其中，包括建模、控制、动画、事件、逻辑、运算等。通过这个工具平台，孩子可以快速地掌握编程技巧，充分发挥自己的想象力。

我想，在 STEAM 教育活动中，除了 Scratch 之外，老师们还可以指导孩子们学会使用国产的优秀教学软件来创造自己的作品。例如使用免费的《超级画板》《网络画板》等软件制作千变万化的动态几何图像等。它们和 Scratch 相比，各有所长。从多方面学习体验，可以使 STEAM 教育活动更为丰富多彩。

张景中

2017 年 5 月

前 言

在《国家中长期教育改革和发展规划纲要(2010—2020年)》中明确提出:“创新人才培养模式,遵循教育规律和人才成长规律,深化教育教学改革,创新教育教学方法,探索多种培养方式,形成各类人才辈出、拔尖创新人才不断涌现的局面。”

2016年,我国教育部将跨学科学习(STEAM教育)写入《教育信息化“十三五”规划》STEAM的信息是STEM理念。STEM代表科学(Science),STEM技术(Technology),工程(Engineering),数学(Mathematics)。STEM教育就是科学、技术、工程、数学的教育。2015年美国将计算机与编程纳入STEM课程核心内容,对下一代科技素养培养赋予了更高的要求,并将STEM课程由初级形态提升到高级形态。因而信息学教育,不仅是创新教育重要分支,还是高级STEM课程的重要组成部分,是学生创新能力发展的关键环节。学生基于信息学教育,可以更好地开发学生的创新潜质,具备引领世界创新发展潮流的基本素养。

目前国内各知名小学也在开展基于Scratch语言可视化编程

的创客教育。但是目前小学创客教育仅仅限于各类电子类教学器具的使用(如3D打印、网页制作等),没有了信息学教学、数学教学的嵌入,缺少对学生思维模式的锻炼和开发,缺少对自然世界的深层次认知,难以在更深的程度上实现对学生思维意识的开发和训练。教师也会因为没有进一步教授的内容而觉得无所适从。

本书从3—4年级小学生日常生活中熟知的软硬件设施入手,结合基于Scratch语言的创客教育,引导学生兴趣发展,并通过现实生活中的数学模型,建立基于Scratch的解决方案,逐步过渡到基于信息学教学的语言教育,通过开放性、趣味性、互动性的教学模式,逐步加大难度,最终引导学生对信息学的学习兴趣,开展基础性的信息学语言教学,达到中学信息学阶段对小学信息学教育的基础要求。

本书并非仅通过市面上现有的Scratch语言类课程教学,设计单纯以引导学生创新思维为主的游戏课程,而是通过数学建模的思维方式,基于Scratch的语言,植入基础的信息学思维,实现创客教育和信息学教育的无缝衔接。

目　录

第一章 顺序结构

1.1 简单加法计算器

【问题背景】

买文具

黄小猫来到文具店。黄小猫:“阿姨,我要一盒水彩笔。”阿姨:“小朋友,水彩笔 25 元一盒。”黄小猫:“我还要一块橡皮擦。”阿姨:“橡皮擦要 1 元一块……”

图 1-1

我们能否设计一个程序,帮阿姨算算不同的顾客购买的物品应收多少钱,并告诉顾客该多少钱呀?

【思维向导】

如图 1-2 所示。

图 1-2

【流程图】

如图 1-3 所示。

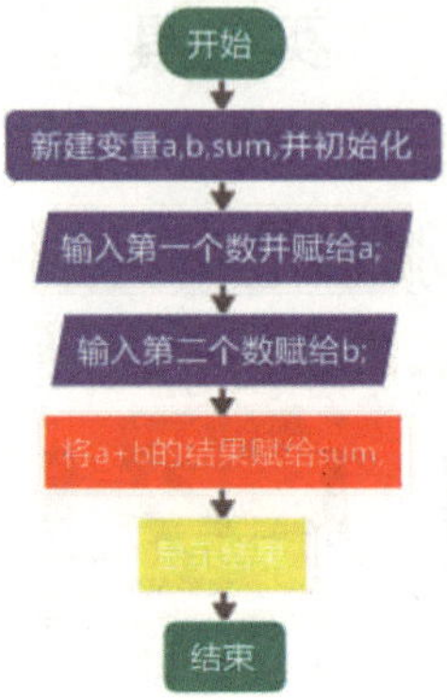

图 1-3

【编写脚本】

1. 数据说明

设置变量 a、b 分别表示两个加数，sum 表示计算结果。定义完成后屏幕就可以看到这三个变量的值。在程序运行时还可以看到这些变量值的变化。如图 1-4 所示。

图 1-4

注意：如果不想让所有这些变量的值在屏幕上显示的话，可以将变量列表前的小钩取消，像下面这样，屏幕上也就看不到这些变量及值的变化了，如图 1-5 所示：

图 1-5

2. 数据读入

因为数据由使用者输入，所以在运行时需要电脑有一个明确的提示。这里，我们用了“询问”的功能进行提示，由使用者的“回答”，分别为两个加数赋值。

3. 数据处理

1)用“询问”指令，黄小猫提示“请输入第一个数”，将变量 a 的值设置为“回答”；

2)与上相同，黄小猫提示“请输入第二个数”，并将变量 b 的值设置为“回答”；

3)设置计算结果变量 sum ＝ a ＋ b，此时基本情况如图 1-6 所示。

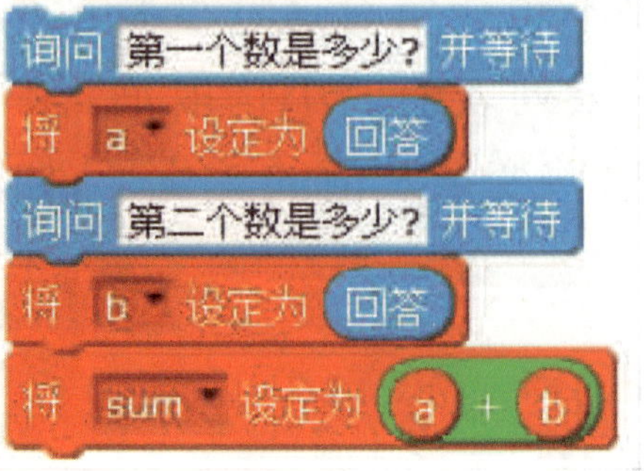

图 1-6

4. 数据输出

当计算完成后，由黄小猫“说”出“你需要支付……元”。如图 1-7 所示。

图 1-7

完整的参考程序清单如图 1-8 所示。

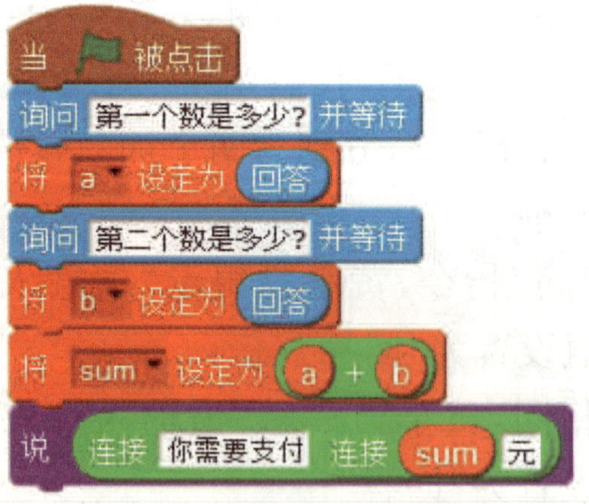

图 1-8

最终效果，如图 1-所示。

图 1-9

是不是非常简单呢？赶紧去试一试吧，看看你设计的程序能否帮阿姨算出顾客应支付多少钱。

【举一反三】

1. 如果顾客是相同物品买几件，又该怎样处理？

小提示：询问单价，再问数量，二者相乘即为应付金额。如图 1-10 所示。

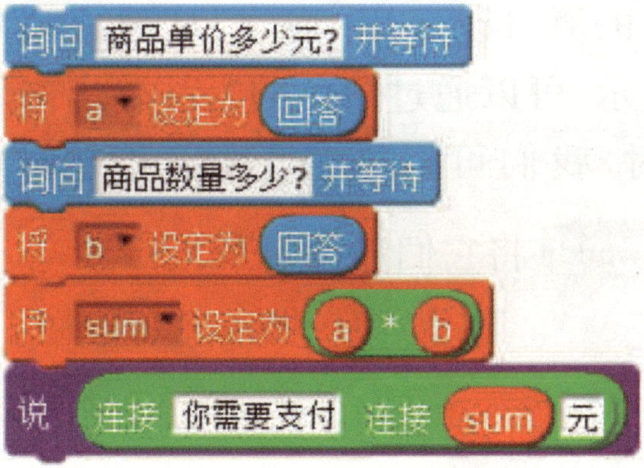

图 1-10

2. 如果顾买的商品数量更多,品种又不一,该怎么办?

小提示:继续学习后面的内容,我们可以用类似数组的方法来建立一商品单价及数的记录,最后将每个商品的单价乘以对应的数量,再求和即可。

3. 如果使用者在回答单价和数量时,不小心输入了一个字母。怎么解决呢?

小提示:尝试加入条件判断,如果不是数值就重新输入。——当然,通过后面的学习内容学习,你也会明白的。加油吧!

【知识总结】

本节课我们学习到了哪些知识呢?

1. 本节课的程序,电脑按照我们的书写顺序,自上而下逐条执行,最后得出结果。这样的程序结构称为顺序结构。

2. 变量的值可以运用“询问”从键盘输入。变量运算结果的显示,可以通过角色的“说”输出来。当“说”的话较复杂时,我们可以通过“数字和逻辑运算”里的

将它们连接起来。

1.2 单位换算

【问题背景】

图 1-11

黄小猫放学回到家，发现妈妈正愁眉苦脸地拿着一张说明书在发愁，上前一问，原来是说明书上写着“需要 3.5 磅水”，而 3.5 磅是多少呢？你能帮助黄小猫用 Scratch 编写一个小程序把“磅”自动换算成我们熟悉的单位“千克”吗？

【思维向导】

如图 1-12 所示。

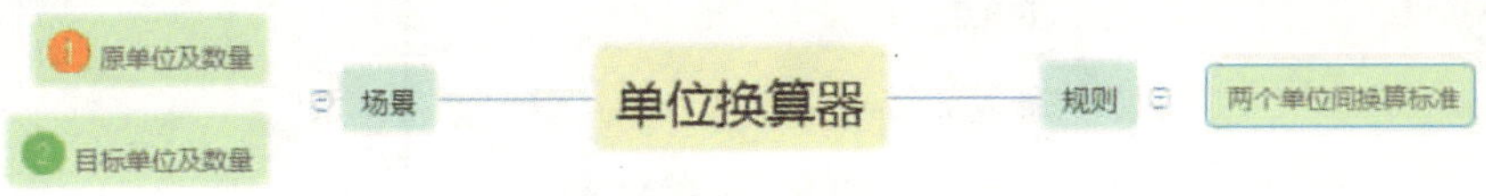

图 1-12

【任务分析】

如图 1-13 所示。

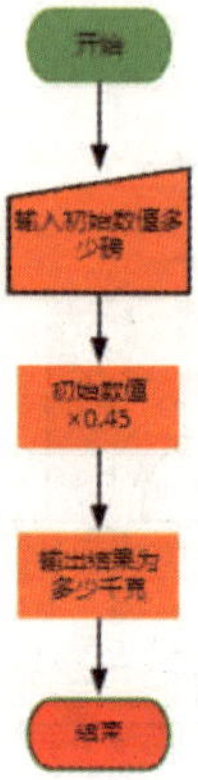

图 1-13

【编写脚本】

1. 数据说明

变量是程序中数据的临时存放场所，它在程序运行过程中可以随时发生变化。单击“脚本”区域的“数据”指令模块，添加变量 a、b，如图 1-14 所示。

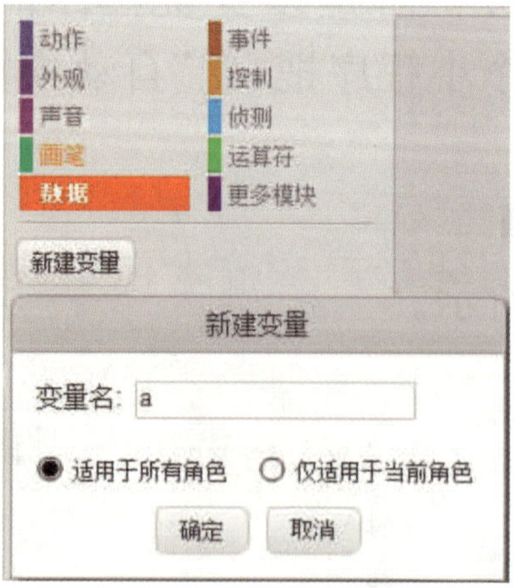

图 1-14

其中 a 表示初始数值多少磅，b 表示目标数值多少千克。初始值都为 0，如图 1-15 所示。

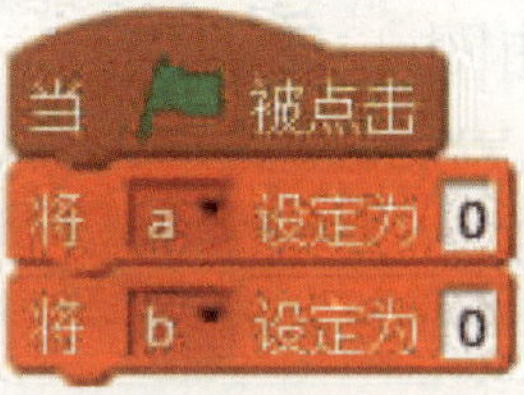

图 1-15

因为要达到测试的目的，所以这些数据不能在屏幕上显示出来，要把这些变量前的小钩钩取消掉，这样它们就隐藏起来了，如图 1-16 所示。

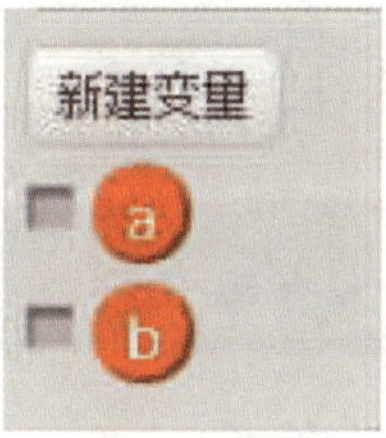

图 1-16

2. 数据读入

在 Scratch 里，我们用 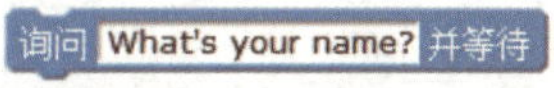

指令实现数据的输入，根据屏幕提示输入初始数值多少磅，如图 1-17所示。

图 1-17

3. 数据处理

根据单位转换的标准对输入的数据进行换算，1 磅约等于 0.45 千克，如图 1-18 所示。

图 1-18

4. 数据输出

转换结束后，说出转换后的结果为多少千克。此处，我们可以用两条 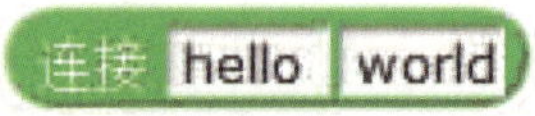

指令将要输出的内容连接到一起。如图 1-19 所示。

图 1-19

【举一反三】

1. 你能编写出其他质量单位的换算程序吗？

1 盎司＝28.35 克

1 克拉＝0.2 克

1 担＝50 千克

1 市斤＝500 克

1 两＝50 克

1 吨＝1000 千克

2. 除了质量单位以外，你还可以用类似的方法对其他单位进行换算吗？

时间：1 分钟＝60 秒

1 秒＝1000 毫秒

面积：1 公顷＝10000 平方米

1 亩＝666 平方米

1 平方千米＝1000000 平方米

长度：1 千米＝1000 米

1 米＝10 分米＝100 厘米

1 分米＝10 厘米

1 厘米＝10 毫米

1 毫米＝1000 微米

1 微米＝1000 纳米

体积：1 立方米＝1000 立方分米

1 立方分米＝1000 立方厘米

【知识总结】

本节课我们学习到了哪些知识呢？

1. 类似于单位换算的问题，我们只要根据换算标准输入初始数值后就能得出换算结果。在程序设计里，这一类问题也属于顺序结构程序。

2. 新建变量，给变量赋值并隐藏变量。

3. 利用 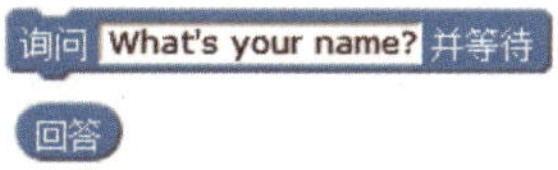

指令实现数据的输入。

4. 利用 说 Hello! 2 秒 实现数据的输出。

5. 利用 连接 hello world 指令将要输出的多条内容连接起来。

6. 常用单位间的换算标准。

1.3 面积速算

图 1-20

黄小猫学校的植物园里比赛开垦班级菜地，有正方形、圆形、长方形、三角形，真是漂亮极了。可是却难坏了评委老师，到底哪个班级开垦的菜地最大呢？你能用 Scratch 制作一个面积计算程序来帮帮老师吗？

【思维向导】

如图 1-21 所示。

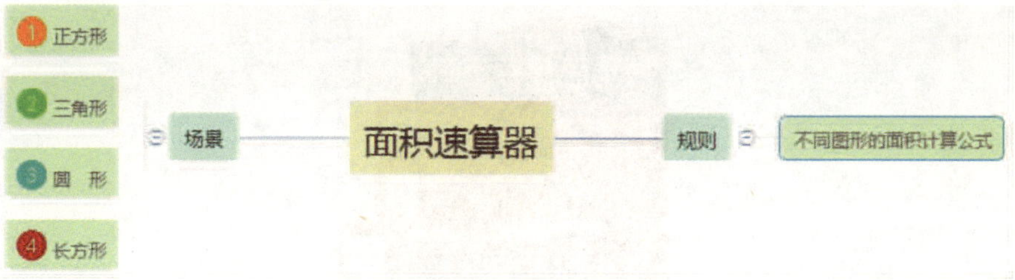

图 1-21

【任务分析】

如图 1-22 所示。

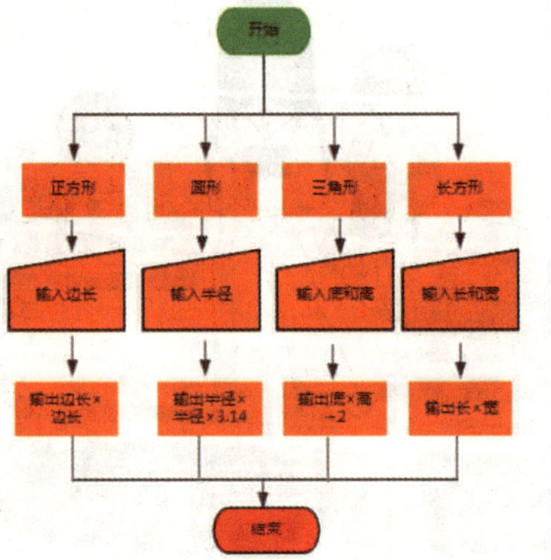

图 1-22

【编写脚本】

1、数据说明

单击“脚本”区域的“数据”指令模块，添加变量“a、b、ans”。其中 a、b 表示不同图形的边长、底、高或者半径等需要输入的数值，ans 表示计算出来的面积，初始值都为 0，如图 1-23 所示。

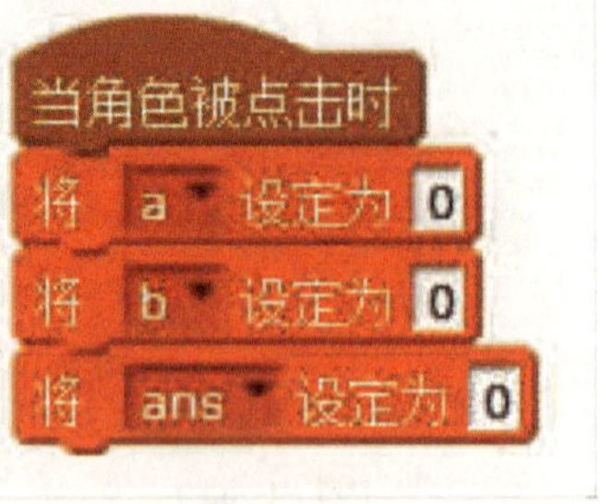

图 1-23

2. 数据读入

添加 4 个不同的图形角色，如图 1-24 所示。

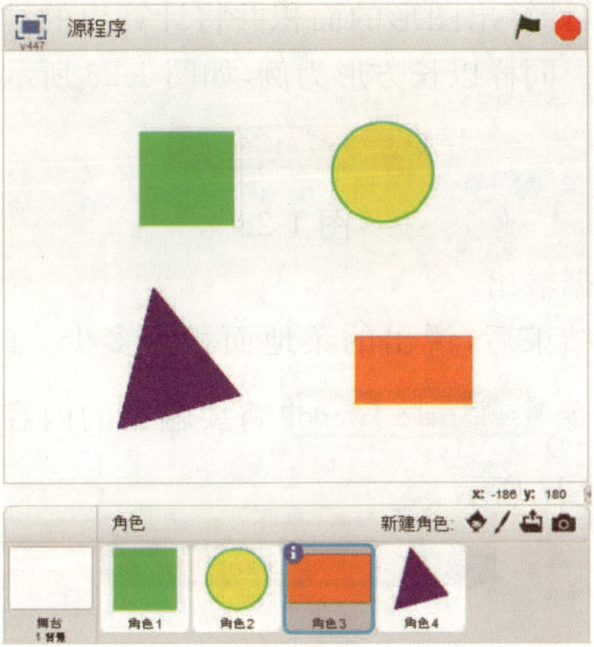

图 1-24

用鼠标点击不同的图形，提示输入对应图形所需要的量。在 Scratch 里，我们用 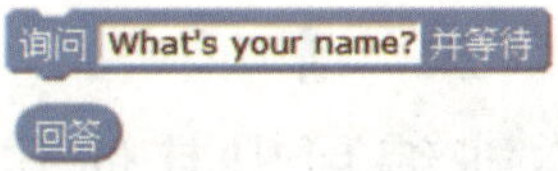

指令实现数据的输入，例如点击“长方形”，如图 1-25 所示。

图 1-25

3. 数据处理

将输入的数值按顺序依次输入对应图形的面积计算公式中，计算出图形的面积并将计算出的结果赋值给面积变量。同样以长方形为例，如图 1-26 所示。

图 1-26

4. 数据输出

计算结束后，说出的菜地面积为多少。此处，我们可以用指令 

将要输出的内容连接到一起，如图 1-27 所示。

图 1-27

赶紧去试一试吧，你能快速计算出其他几种图形的面积吗？

【举一反三】

1. 你能编写出其他几何图形的面积计算程序吗？

小提示：只要按着对应的面积计算公式依次输入已知条件就可以计算出对应的面积，例如梯形的面积计算，如图 1-28 所示。

图 1-28

2. 除了计算图形的面积以外，你还可以用类似的方法计算出图形的周长或者解决其他问题吗？

小提示：当然可以，我们只需要按着对应的公式，依次输入需要的变量就可以。例如计算圆形的周长，如图 1-28 所示。

图 1-28

【知识总结】

本节课我们学习到了哪些知识呢？

1. 类似于计算面积、周长等的问题，我们只要根据固定公式顺序输入已知条件最后就能得出结果。在程序设计里，我们把它称为顺序结构程序。

2. 点击不同角色，执行不同的脚本以完成不同的任务。

1.4 向上取整

【问题背景】

春游

学校通知：下周学校要安排春游活动，全校小朋友到熊猫基地活动，需要用客车接送大家。如果每辆客车按规定只能坐 40 名乘客，请问至少需要多少辆车？

图 1-29

我们能否设计一个程序，让电脑帮助德育处老师算算需要多少辆客车，并告诉她呢？

【思维向导】

如图 1-30 所示。

按提示输入全校师生人数，电脑算出至少几辆车？

图 1-30

【流程图】

如图 1-31 所示。

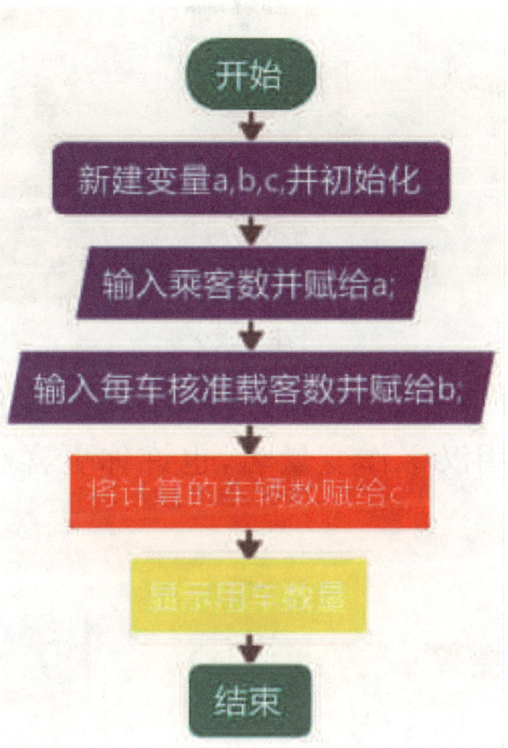

图 1-31

【编写脚本】

1. 数据说明

为了适应不同的人数和不同车型的变化，我们需要为总人数、每车核准载客量、需要的客车数量分别定义变量，如 a、b、c。这里我们让 a、b 显示，而最后的结果要让黄小猫“说”出来，所以我们选择了不显示变量 c。如图1-31所示。

图 1-32

当然，由于 Scratch 是支持用汉字作变量名的，虽然我们不提倡用汉字作变量名，也许你更喜欢这样，如图 1-33 所示。

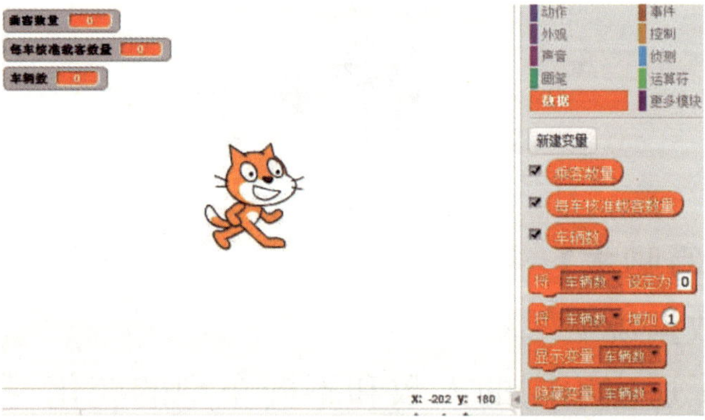

图 1-33

2. 数据读入

与前面的读入方法相同：我们依然用了“询问”的功能进行提示，由使用者的“回答”，分别为 a、b 两个变量赋值。如图 1-34 所示。

图 1-34

3.数据处理

1)用“询问”指令，黄小猫提示“请问总共有多少位乘客?”，将变量 a 的值设置为“回答”。

2)与上相同，黄小猫提示“每车核准载客数量多少?”，并将变量 b 的值设置为“回答”。如图 1-35 所示。

图 1-35

3)用除法计算结果，如图 1-36 所示。

图 1-36

思考:计算机结果可能刚好都是整数吗? 如果有小数，怎么办?

4)向上取整

本节课最关键的地方是:由于计算结果绝大多数情况可能会有小数，如果用 

取整功能，但在此例中，当小数部分＜0.5 时会被舍弃，会有人无车可乘。

你可以从最新版的 Scratch 2.0 可以从“运算符”里找到 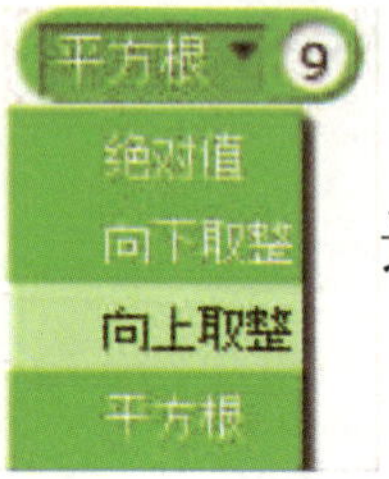

选择里面的“向上取整”即可。如图 1-37 所示。

图 1-37

4. 数据输出

当计算完成后，由黄小猫“说”出“总共需要××辆客车”。如图 1-38 所示。

图 1-38

完整的参考程序清单及效果如图 1-39 所示

图 1-39

运行效果如图 1-40 所示。

图 1-40

【举一反三】

1. 有一个裁缝制衣的问题，说的是：做一套衣服需 1.3m 布料，现在有 5m 布料，请问能做几套衣服？类似的问题该怎么编程？

小提示：用布料总数除以每套衣服的用料，最后要对结果进行取整，也称“向下取整”。自己在 Scratch 里找找看吧！

2. 在本节课的案例中，如果最后一车的人数很少，比如只有 10 多人，学校在租车时若仍然租一辆 40 座大客车，势必浪费资源，可以考虑租 10～20 座的小客车，该怎么设计程序呢？

推荐意见：学完第二章“选择结构”后，你就可以先求出需要几辆大车，余下的人数用 Scratch 里的 

求出，通过条件判断，将余数与不同车型的小车比较，就可选择最合适的方案了。祝你成为解决问题的高手！

【知识总结】

1. 本节课我们学习到了哪些知识呢？你认为本节课解决问题的思路给了你什么启发？

2. Sratch 2.0 里的“向上取整”，其作用是实现“有余加 1”；“向下取整”则是直接舍弃余数；而“四舍五入”则为了实现“是过半加 1”。我们可以根据实际需要选取。

我与植物共成长

【任务背景】

“春起之苗，不见其增，日有所长；磨刀之石，不见其损，日有所亏”。正如我们这一章所学习的顺序结构一样，生活中很多事情按着预定的轨迹不断坚持下去，总会有结果。一颗种子长成参天大树不就是这样吗？一个小朋友从出生到长大成人亦是如此。

记录一株植物从种子到发芽、长高、开花及结果的过程，体悟成长的历程。

【任务提示】

1. 可以和家人一起亲自播种一粒种子，呵护其发芽成长，记录植物成长的过程；

2. 可以利用互联网搜索下载植物的成长过程，利用 Scratch 制作小动画；

3. 记录整个任务完成过程中自己的收获和感受。

【任务成果】

利用 Scratch 制作一段以“我与植物共成长”为主题的小动画或者撰写一篇科技小论文。

第二章

分支结构

到目前为止，黄小猫已经学会逐行执行一条条指令，并能利用它们编写一些简单的程序，当它继续往前走时前面出现了两条路。咦！该选择哪一条呢？

图 2—1

我们可以利用单分支指令

和双分支指令

选择不同的道路，这一章我们就来学习如何使用分支指令选择不同的出口，让黄小猫具有逻辑判断能力。

2.1 购买自行车

【问题背景】

如图 2-2 所示。

图 2-1

黄小猫准备买一些自行车捐给贫困山区，在商场看见自行车在搞促销活动，买一辆自行车 280 元，买两辆以上每辆 260 元。在计算价格时它遇到了困难，你能帮助黄小猫编写一个程序，输入购买数量，输出购买价格吗？

【思维向导】

如图 2-2 所示。

图 2-2

【任务分析】

如图 2-3 所示。

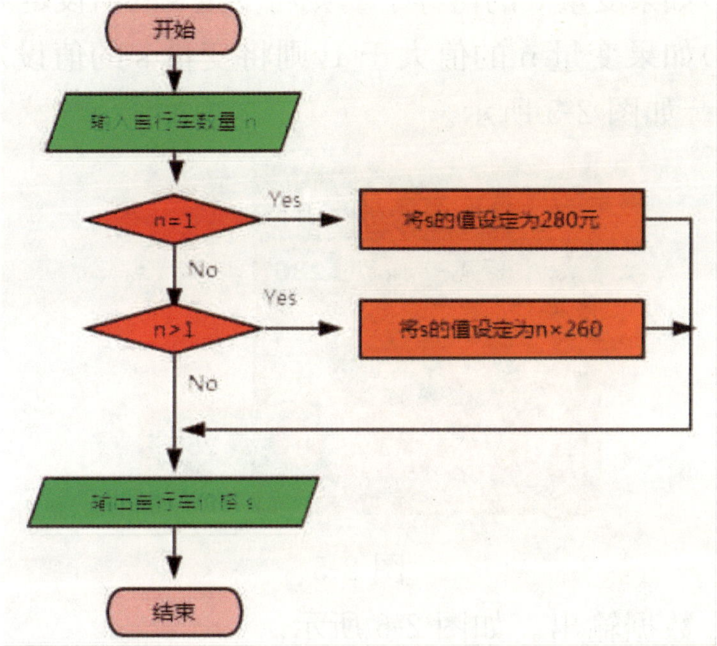

图 2-3

【编写脚本】

1. 数据说明

设置变量 n、s，n 表示自行车数量，s 表示自行车价格，初始值都为 0。

2. 数据读入

根据屏幕提示输入数值，存放于变量 n 中。如图 2-4 所示。

图 2-4

3. 数据处理

1）如果变量 n 的值等于 1，则将变量 s 的值设定为 280；

2）如果变量 n 的值大于 1，则将变量 s 的值设定为 n ×260。如图 2-5 所示。

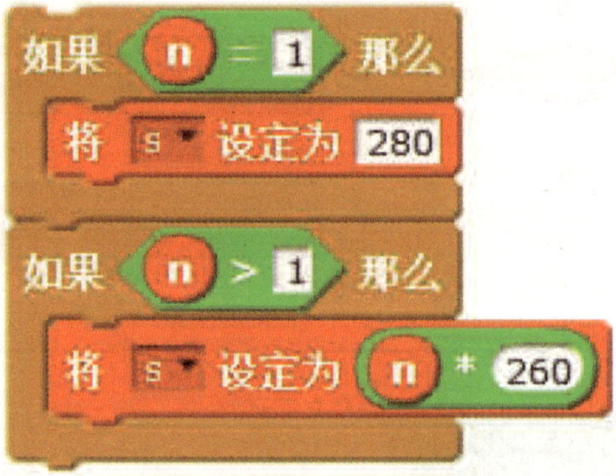

图 2-5

4. 数据输出。如图 2-6 所示。

图 2-6

【举一反三】

1. 一个标有数字的转盘，指针转到某个数字（1～5），旁边的显示屏上就显示对应的英文单词，你能编出这样的程序吗？

小提示：可以用多个单分支指令进行判断，当满足条件时输出对应的英文单词。例如：如果 n=1 ，那么输出 one；如果 n=2 那么输出 two……

如图 2-7 所示。

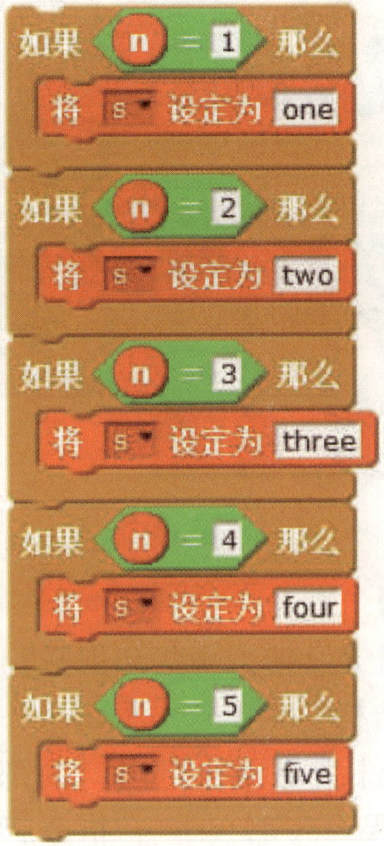

图 2-7

2. 正式比赛中，对乒乓球的质量要求非常严格，合格乒乓球的直径是 40mm。你能根据输入的直径，编写出检验乒乓球大小是否合格的程序吗？

小提示：利用“如果……那么……”指令将条件设置为输入的值等于 40。如图 2-8 所示。

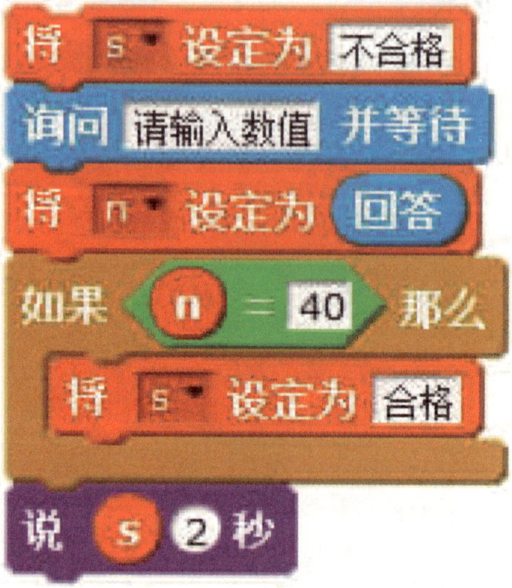

图 2-8

【知识总结】

本节课我们学习到了哪些知识呢？

1. 单分支结构“如果……那么……”有一个指令区（出口），如果条件满足则执行出口内部的指令，如果不满足则执行“如果……那么……”指令后的其他指令。

2. “如果……那么……”指令中的条件可以通过数字与逻辑运算模块进行设置。

2.2 找大数

【问题背景】

图 2-9

黄小猫听说计算机有逻辑思考能力，它觉得非常神奇，只要输入两个互不相等的数，就能找出其中的大数，它很想知道计算机怎样实现的。让我们和黄小猫一起制作一个找大数的程序吧。

【思维向导】

如图 2-10 所示。

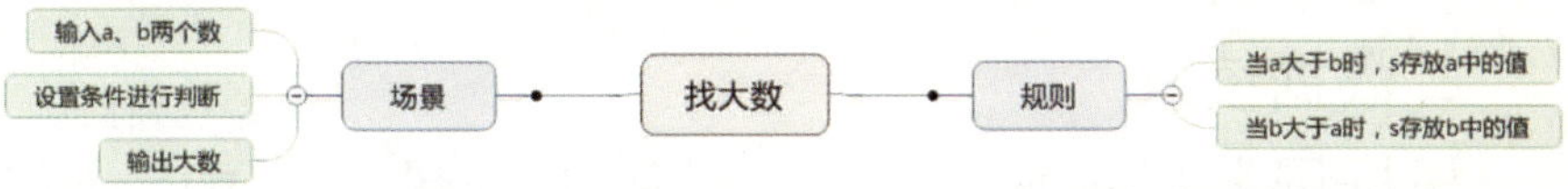

图 2-10

【任务分析】

如图 2-11 所示。

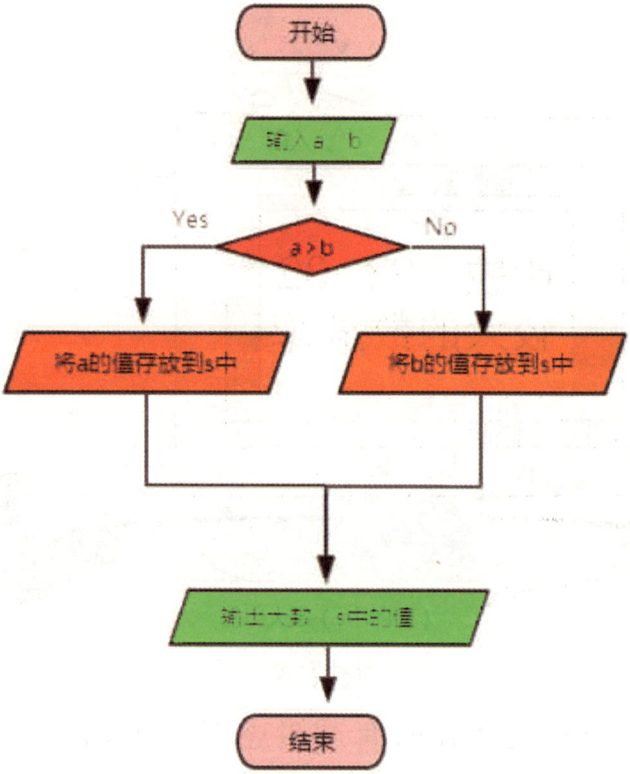

图 2-11

【编写脚本】

1. 数据说明

设置变量 a、b 表示两个数，设置变量 s 表示存放其中的大数。初始值都为 0。

2. 数据读入

根据屏幕提示输入数值，存放于变量 a、b 中。如图 2-12 所示。

图 2-12

3. 数据处理

(1)使用“如果……那么……否则”

指令，条件设定为

；

(2)如果满足条件，则执行“那么”后的指令区，将 s 变量的值设定为

；

(3)如果不满足条件，则执行“否则”后的指令区，将 s 变量的值设定为

；

如图 2-13 所示。

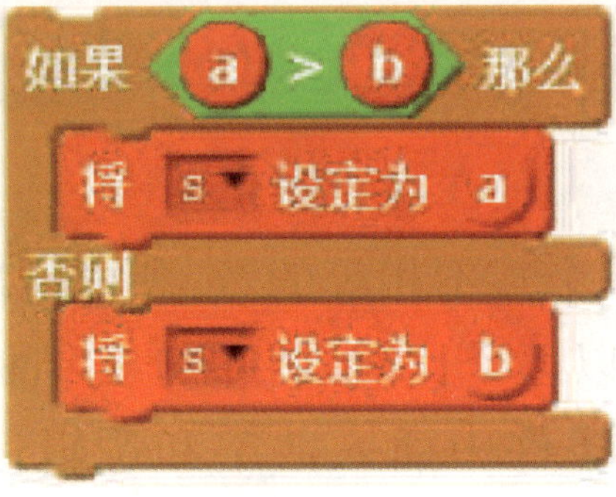

图 2-13

4. 数据输出

结束判断后，搭建复合指令输出“找到的大数是：”。如图 2-14 所示。

图 2-14

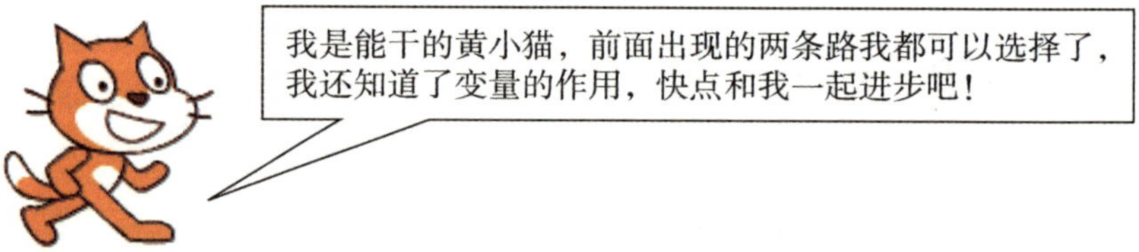

【举一反三】

1. 输入两个数，能输出大数的平方值吗？

小提示：a 的平方值是指 a×a，只要将外观模块与数字和逻辑运算模块中的指令重复搭建就好了。如图 2-15 所示。

图 2-15

2. 如果有三个互不相等的数，怎样输出最大数呢？

小提示：可以逐个比对，将单分支结构“如果……那么……”指令的条件中插入数字和逻辑运算就能实现，步骤如下：

(1) 输入三个数,分别存入变量 a,b,c 中;

(2) 如果 a 大于 b 和 c,将 a 存放变量 max 中;

(3) 如果 b 大于 a 和 c,将 b 存放变量 max 中;

(4) 如果 c 大于 a 和 b,将 c 存放变量 max 中;

(5) 输出 max。

如图 2-16 所示。

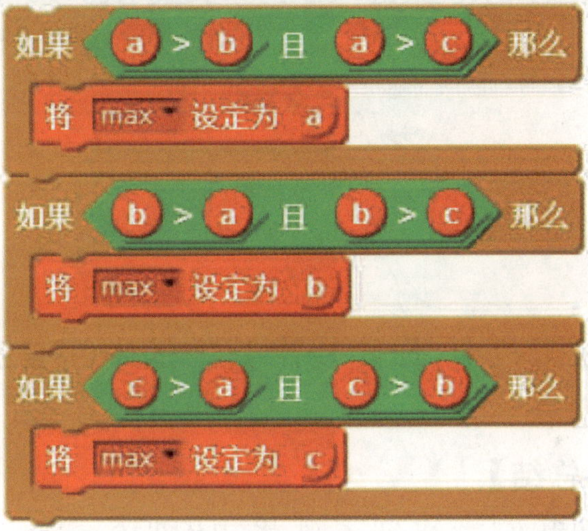

图 2-16

3. 在三个数中,你还有其他方法找出最大数吗?

小提示:用单分支和双分支结构组合完成,步骤如下:

(1) 输入三个数,分别存入变量 a、b、c 中;

(2) 比较 a 与 b,将大数存放在变量 max 中;

(3) 比较 c 与 max,将大数存放在变量 max 中;

(4) 输出 max。

如图 2-17 所示。

图 2-17

4、在三个数中，你能找出其中的中间数吗？有几种方法？

【知识总结】

本节课我们学习到了哪些知识呢？

1.“如果……那么……否则”指令有两个脚本区（出口），根据设置的条件转向某一脚本区（出口）。

2.根据条件的成立与否可以做很多事情。

3.复合指令可以重复搭建。

2.3 购物打折

【问题背景】

图 2-18

黄小猫去蛋糕店购买蛋糕，当它购买的蛋糕价格合计高于 150 元，可以享受 8 折优惠；购买的蛋糕价格合计等于或者低于 150 元，则需按照原价支付。

请同学们用 Scratch 设计脚本，帮黄小猫计算出应该支付的金额。

【思维向导】

如图 2-19 所示。

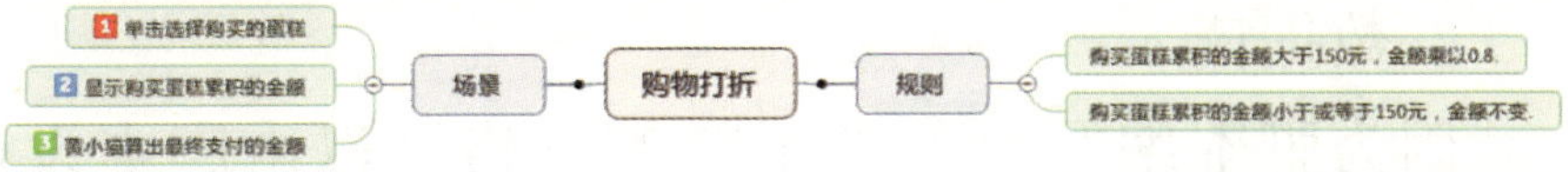

图 2-19

【任务分析】

如图 2-30 所示。

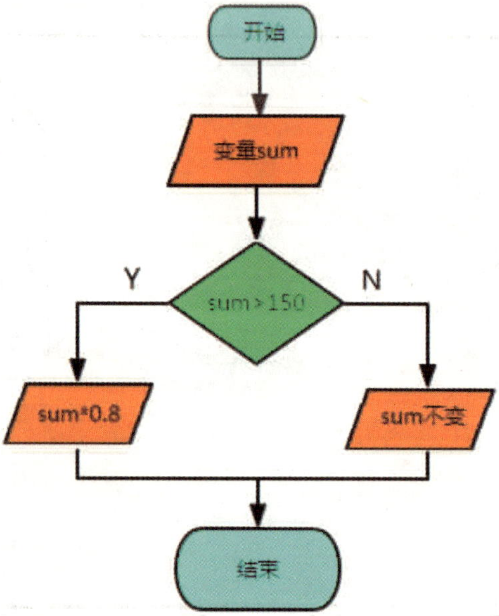

图 2-30

【编写脚本】

1. 数据说明

新建变量“sum”，表示黄小猫购买蛋糕的累积金额。我们将 sum 初始值设置为 0，随着黄小猫选购不同价格的蛋糕后，该变量的值会发生变化。如图 2-31 所示。

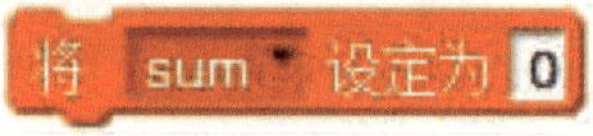

图 2-31

2、数据读入

因为脚本编写时每种蛋糕的价格可以由脚本设计者来随机设置，所以这个任务不需要输入数据。

3. 数据处理

1)使用“如果……那么……”指令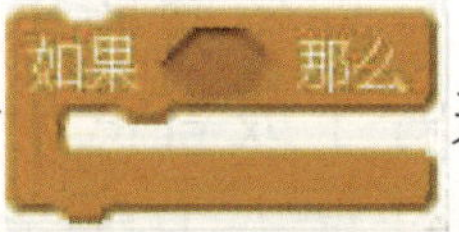

来搭建分支结构，指令中不同的数据判断结果将让脚本的运行进入不同的数据处理过程。

2)判断条件为 sum>150

3)如果判断条件为“真”，即变量 sum 的值>150，则将 sum * 0.8，然后进行输出。

4)如果判断条件为“假”，即变量 sum 的值<150 或 =150，则直接输出 sum 的值。

判断结束后，使用“说”指令

将数据处理的结果进行输出，即让黄小猫显示“我需要支付……元钱”。

4. 数据输出

脚本如图 2-32 所示。

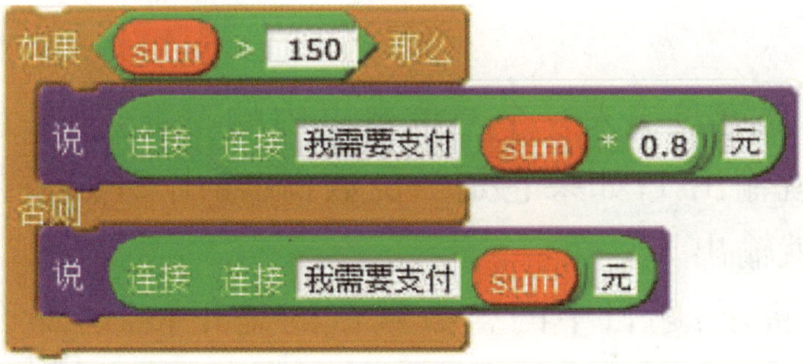

图 2-32

【举一反三】

1. 如果商店里面增加了优惠力度，购买的蛋糕价格合计等于或者低于150元，按照原价支付，购买的蛋糕价格合计高于150元，可以享受8折优惠；购买的蛋糕价格合计高于300元，可以享受6折优惠，你可以怎样修改程序？

小提示：可以在"如果……那么……"指令中嵌套"如果……那么……"指令，这样可以增加判断的条件。参考脚本如图2-33所示。

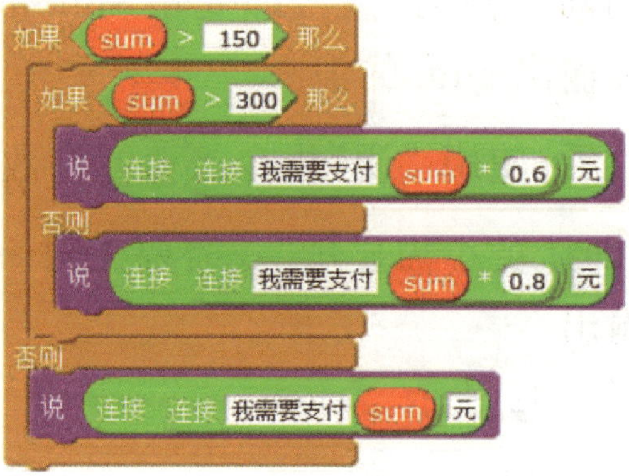

图 2-33

2. 从键盘输入一个三位数以内的整数，如果它是一位数，就输出1；如果它是二位数，就输出2；如果它是三位数，就输出3。

小提示：题目中的整数默认的是正整数，那么同学们在设置判断条件的时候可不要忘记还有0和负整数的存在。参考脚本如图2-34所示。

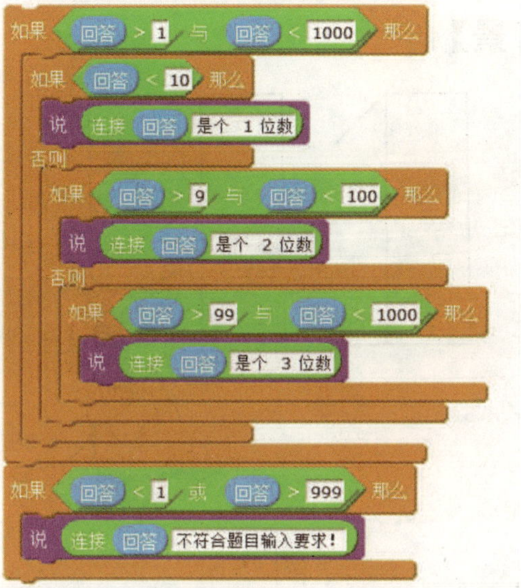

图 2-34

【知识总结】

本节课我们学习到了哪些知识呢？

1.“如果……那么……”指令是分支结构，其中

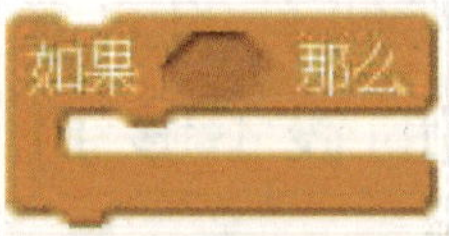

是单分支结构，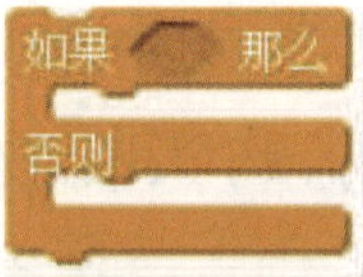

是双分支结构。

2.分支结构的指令可以嵌套另一个分支结构的指令。

2.4 购物

【问题背景】

图 2-35

黄小猫去购物，商店里货物繁多，价格各异。黄小猫有 200 元钱可以用来购物。

请同学们用 Scratch 设计脚本，实现当黄小猫购物价格低于它拥有的总金额时，黄小猫能成功购物，物品进入购物车内。当黄小猫购物价格高于它拥有的总金额时，黄小猫不能购买礼物，说：“哎呀，我的钱不够了。不能再买了。”

【思维向导】

如图 2-36 所示。

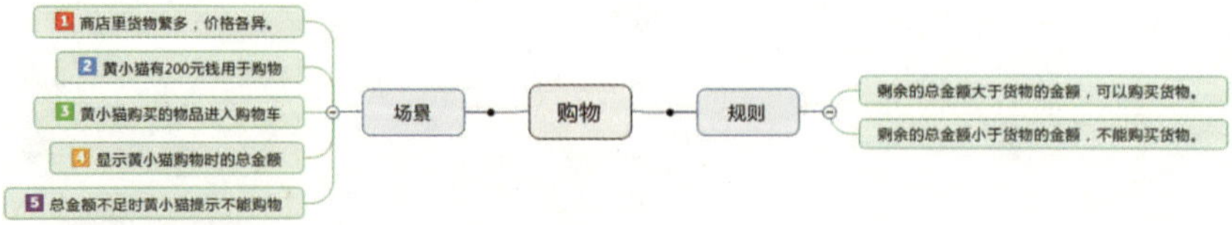

图 2-36

【任务分析】

如图 2-37 所示。

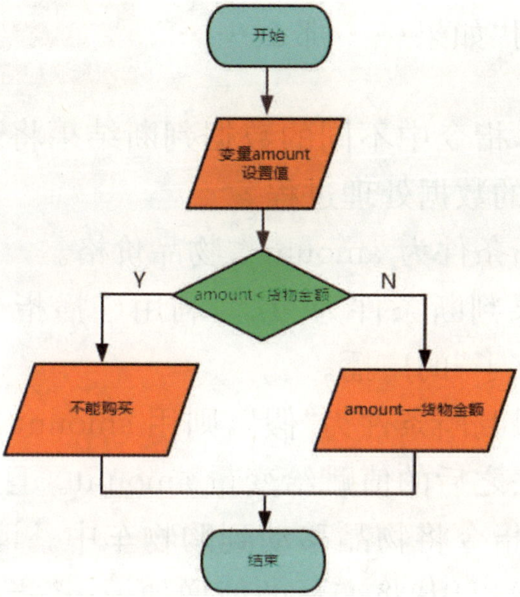

图 2-37

【编写脚本】

1. 数据说明

新建变量“amount”，表示黄小猫用于购物的总金额。将 amount 初始值设置为 200，表示黄小猫有 200 元钱用于购物。脚本如图 2-38 所示。

图 2-38

2. 数据读入

因为脚本编写时每件物品的价格可以由程序设计者来随机设置，所以这个任务不需要输入数据。

3. 数据处理

(1)使用“如果……那么……” 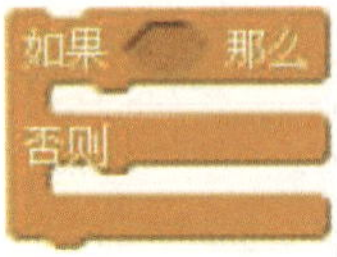

指令来搭建分支结构，指令中不同的数据判断结果将让脚本的运行进入不同的数据处理过程。

(2)判断条件为 amount<物品价格。

(3)如果判断条件为“真”，利用广播指令发出一个名为“钱不够了”的广播。

(4)如果判断条件为“假”，则用 amount 减去物品价格，并将减去之后的值赋给变量 amount。且通过 “移动 X：… Y：…”指令将物品移动到购物车中。请注意，减去某个数，也可以用“将变量的值增加……”指令增加这个数的负数来实现减法。

(5)使用“移至最上层”指令让物品显示在购物车的最上方。程序如图 2-39 所示。

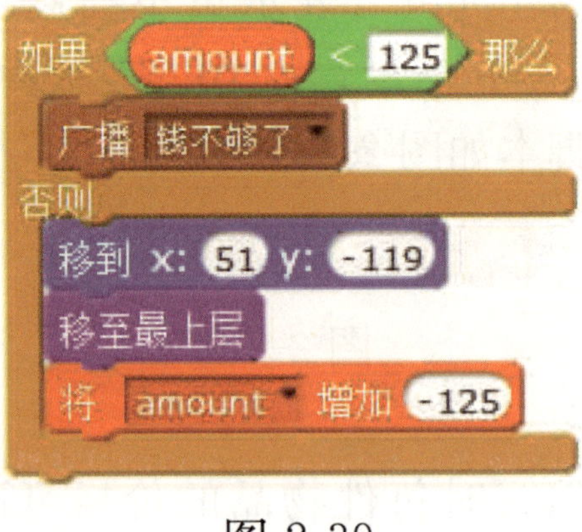

图 2-39

4. 数据输出

(1)物品的价格使用“说”指令进行输出。

(2)黄小猫角色当接收到广播“钱不够了”时，则显示：“哎呀，我的钱不够了，不能再买了。”脚本如图 2-40 所示。

图 2-40

(3)变量“amount”的值在购物过程中发生变化，舞台中显示变量当前的值。

【举一反三】

1. 黄小猫发现商店中货柜里面的鱼依照形态大小按照 1 条小鱼，3 条中鱼，2 条大鱼的规律进行摆放，黄小猫选择了货柜中摆放的第 17 条鱼，你能用 Scratch 设计一个程序计算出：黄小猫选择的是一条什么形态的鱼吗？通过键盘输入一个数，表示黄小猫选择的鱼，怎样修改程序求出黄小猫选择的鱼是什么形态的鱼？

小提示：根据鱼摆放的规律可以得出：“1＋3＋2＝6”，即每 6 条鱼为一个周期，如果用变量 a 表示黄小猫选择的那条鱼，用变量 a 除以 6 得到经过了多少个周期，除法的余数再按照 1 为小，2，3，4 为中，5，0 为大进行判断。

参考脚本如图 2-41 所示。

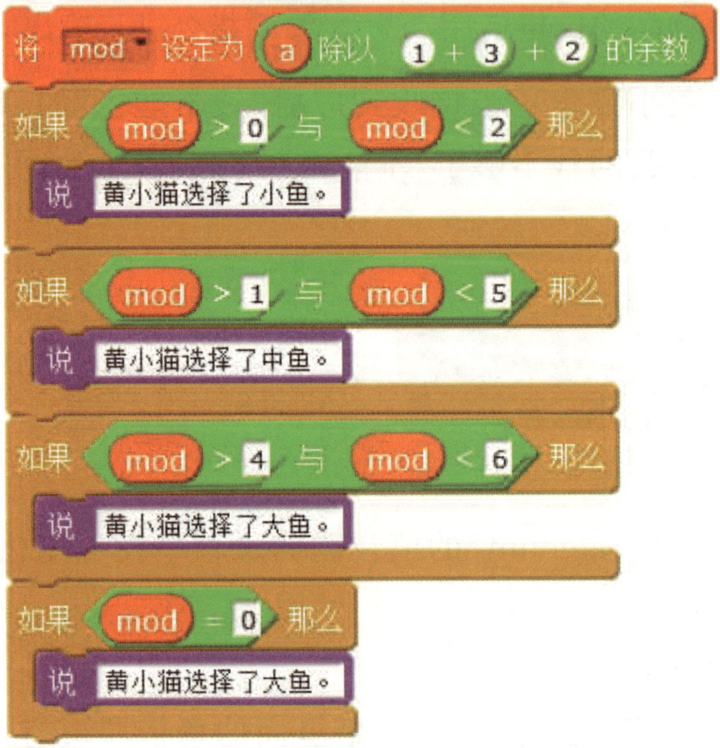

图 2-41

2. 黄小猫的 200 元钱，买了 a 个价值 12 元的玩具飞机和 b 个价值 40 元的玩具火车，刚刚把钱用完，那么你能用 Scratch 设计一个程序，计算出 a 和 b 的值吗？

小提示：可以采用枚举的方法。如果两个物品都要买，200 元钱最多可以买到 13 个 12 元的玩具飞机，或 4 个 40 元的玩具火车，所以 b 的值范围小一些，更适合用 b 依次递增来判断 a 是否是整数。参考脚本如图 2-42 所示。

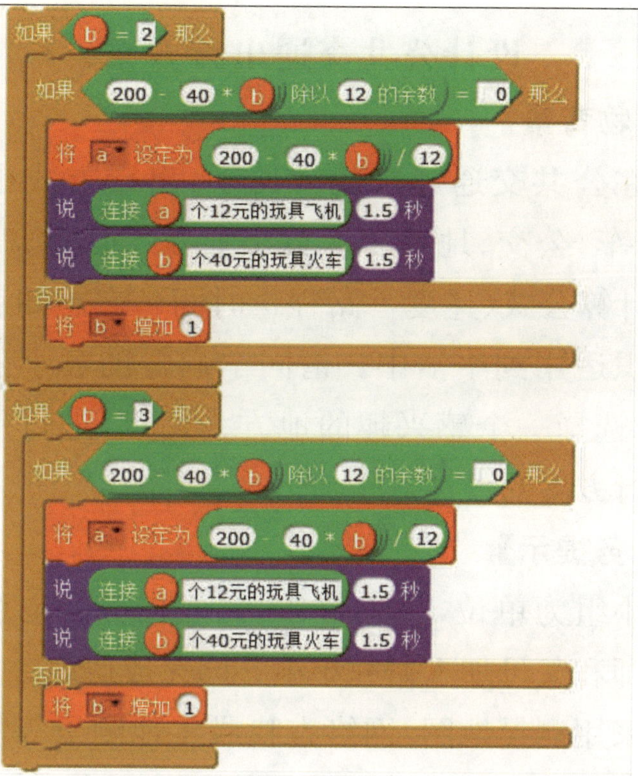

图 2-43

这样一个个枚举出来的方法是不是有些烦琐呢？在程序设计时是否还有更优的方法或者结构来解决这样的问题呢？也许你在学习完下章循环结构的内容后会有新的思路出现，期待你能将这道题的程序进行优化。

【知识总结】

本节课我们学习到了哪些知识呢？

1. 减法其实也可以看作加法。

2. 会用“广播”和“当接收到……”指令控制不同角色之间的交互。

设计公共交通出行方案

【人物背景】

现在公共交通越来越方便了，出行方式也多种多样，有骑车、公交、地铁等。黄小猫学了数学知识，知道速度的计算公式(速度＝路程÷时间)，它想知道如何将这些知识运用到生活中。请同学们帮助黄小猫以学校为起点，选择一个感兴趣的地方为终点，进行一次公共交通出行方案的设计。

【任务提示】

1. 小组为单位，分工合作，完成任务。也可以邀请你的老师和父母加入研究小组共同完成研究。

2. 采用测量地图，网络查找或实地测量等多种方式找到起点与终点间的距离。

3. 可以选择不同的交通工具，通过实地走访的形式完成一次出行，并把调查数据填写在记录表中。

4. 利用 Scratch 设计一个程序，利用程序选择出小组成员中出行速度最快的方案。

【任务成果】

综合调查数据、Scratch 程序运算结果和小组讨论情况，撰写一个小论文，论证何为最优的公共交通出行方案。

出行时间记录表						
起点:学校　　终点:						
出行次序	出行地点	出行时间(时:分)	出行方式(只选一种) 1. 公交车 2. 地铁 3. 自行车 4. 快速公交 5、其他	到达地点	到达时间(包括候车、乘车、步行等时间)(时:分)	备注(包括转车或换乘其他公交方式)
1						
2						
3						
4						
5						
6						
7						
8						
9						
10						
11						
12						

第三章 循环结构

3.1 连续加法

【问题背景】

图 3-1

数学课上，老师给同学们讲述了德国数学家高斯小时候计算 1＋2＋3＋…＋100 的故事，年仅 8 岁的高斯将问题转化为 50×101，很快就算出了答案。黄小猫非常崇拜高斯，希望自己也能像高斯一样聪明，当黄小猫学习了 Scratch 之后，他希望利用计算机来解决这个题。

【思维向导】

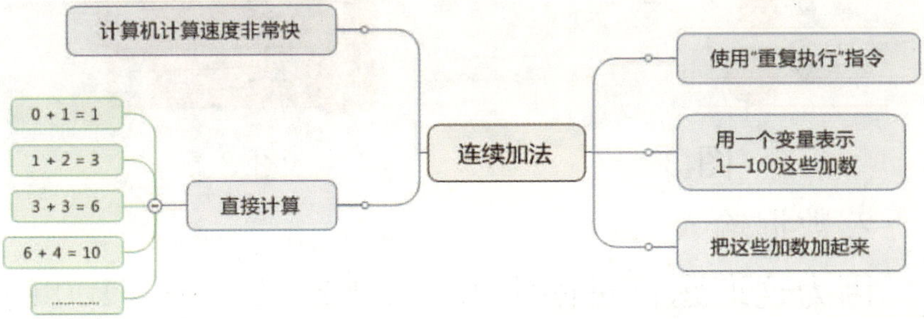

图 3-2

【算法设计】

如图 3-3 所示。

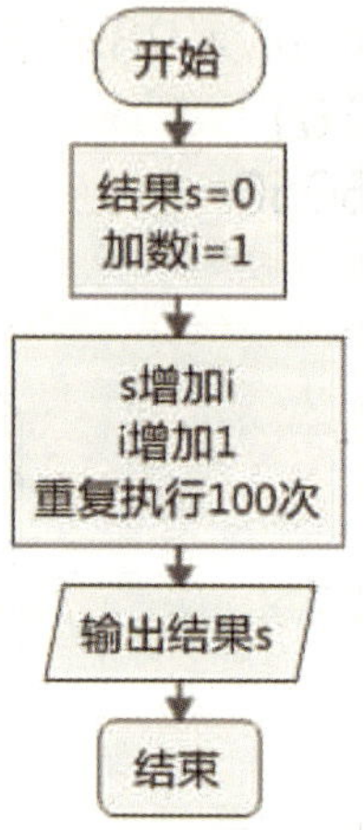

图 3-3

【编写程序】

1. 数据说明

设置变量 i，表示每个加数，初始值为 1，变量 s 用来表示结果，初始值为 0，如图 3-4 和图 3-5 所示。

图 3-4

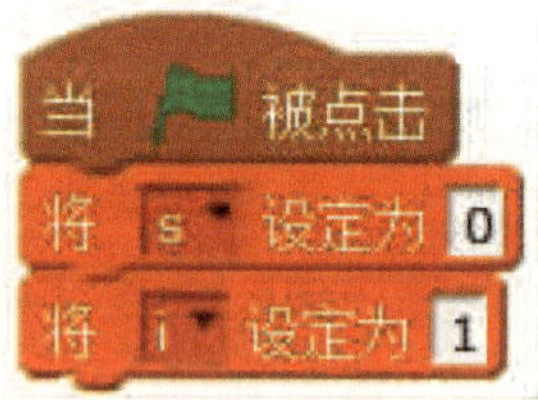

图 3-5

2. 数据输入

因为这道题目是固定求解 1＋2＋3＋…＋100 的结果，所以这个任务不需要输入数据。

3. 数据处理

我们知道有 100 个加数，所以变量 i 要变化 100 次，所以使用控制类中的 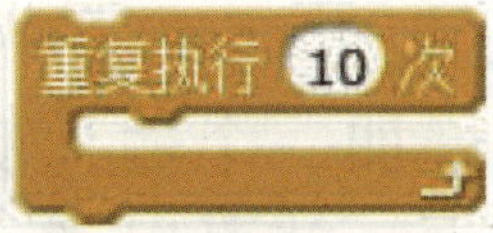

指令，次数设置为 100 次，每次重复将 s 增加 i，将 i 增加 1，如图 3-6 所示。

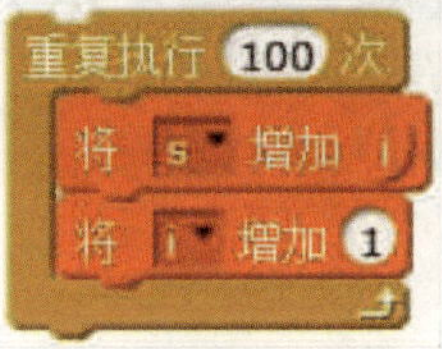

图 3-6

4. 数据输出

s 就是最后的答案，使用 

指令让黄小猫回答出 s 的值就完成了，如图 3-7 所示。

图 3-7

当我们点击绿旗，黄小猫马上就给出了答案，如图 3-8所示。

图 3-8

【举一反三】

1. 求解 $1+2+3+\cdots+n$ 的结果。

小提示：这道题把上面例题中最后一个加数换成了 n，那么我们只需要增加一个输入变量 n，先输入 n 的值，然后设置重复次数为 n 就可以了，如图 3-9 所示。

图 3-9

2. 求解 $1+3+5+\cdots+n$ 的结果，n 为奇数。

小提示：注意，这道题的循环次数不是 n 次，而是 $n/2+1$次（想一想为什么？），或者使用 

指令，条件设置为 $i > n$，表示当 i 的值超过 n 时就停止重复执行，不要忘记，每次循环 i 的值变为增加 2 了，如图 3-10 所示。

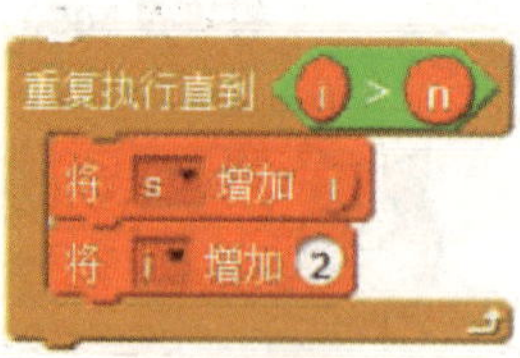

图 3-10

3. 求解 $1-2+3-4+5-\cdots n$ 的结果。

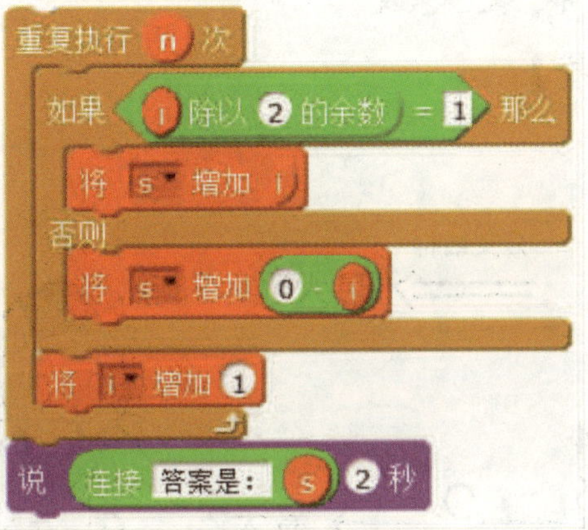

图 3-11

小提示：我们发现奇数总是加，偶数总是减，那么在每次循环时先判断 i 除以 2 的余数是否等于 1，是则 s 增加 i，否则 s 减少 i，但是变量里面没有减少控件，我们可以看作是增加了负 i，用 0 － i 得到，如图 3-11 所示。

【知识总结】

1. 变量可以表示数值，也可以随时改变变量的值。

2. 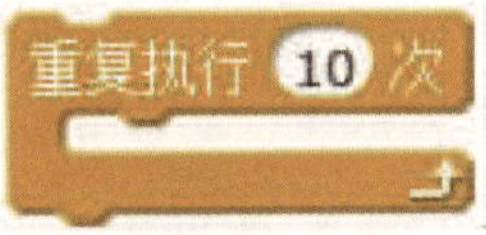

指令和 

指令可以控制操作反复的执行，并且可以控制重复执行的次数，在每次执行的过程中，可以根据需要对变量的值进行修改。在计算机程序中，我们称这种程序结构为循环结构。

3. 循环结构可以通过设置循环次数或循环停止的条件来结束循环。

4. 循环结构和分支结构可以结合在一起使用。

5. 减去一个数可以看作是加上一个负数。

3.2 寻找最大数

【问题背景】

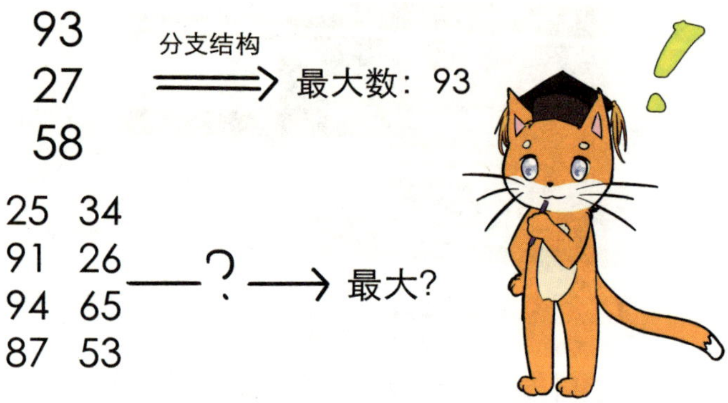

图 3-12

在学习分支结构的时候，我们知道了怎么去求三个数中最大数的方法，学习了循环结构以后，聪明的黄小猫马上就想到了快速找出很多个数中最大的数的方法，你知道黄小猫是怎么做的吗？

【思维向导】

如图 3-13 所示。

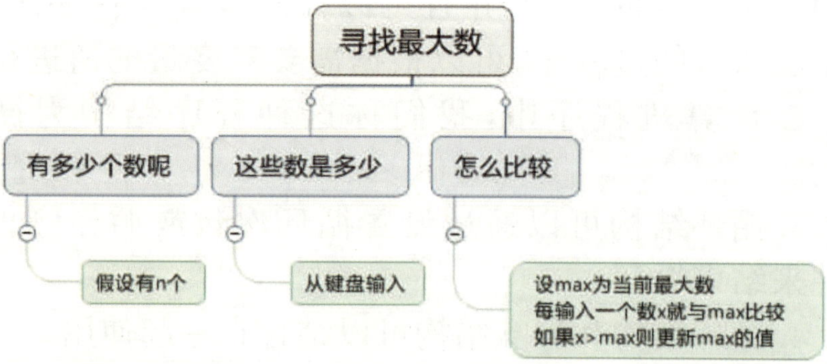

图 3-13

【算法设计】

如图 3-14 所示。

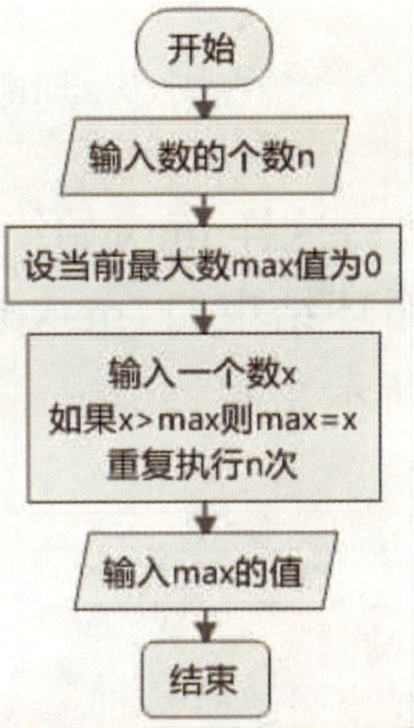

图 3-14

【编写程序】

1. 数据说明

变量 n，表示一共有 n 个数；变量 x 表示输入的数；变量 max 表示当前最大数，在最开始，max 的值应该是一个比所有输入的数都小的数，假设我们输入的数都是正数，那么我们将 max 的值设为 0 就可以了。

2. 数据输入

先输入数据数量 n 的值。x 的值在循环开始后，一边处理数据一边输入。

3. 数据处理

(1)将 max 的值设为 0，保证最初当前最大数小于所有的数；

(2)使用循环指令，设置循环次数为变量 n；

(3)输入一个数 x；

(4)使用 

指令，判断如果 x > max，则将 max 的值设定为 x，这样 max 始终是当前已经输入的数中的最大数，当循环结束时，max 就是这 n 个数中的最大数，如图 3-15 所示。

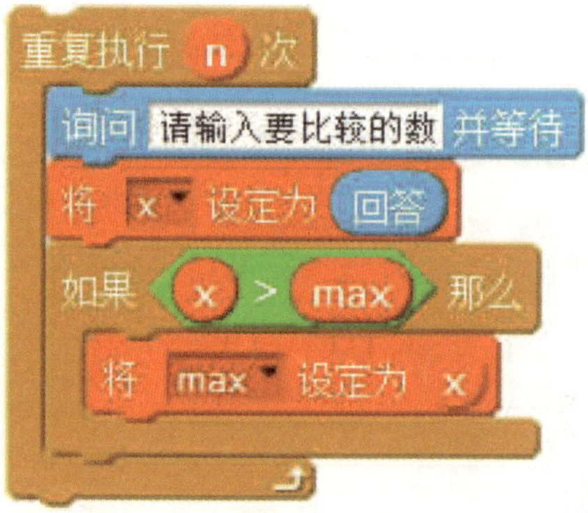

图 3-15

4. 数据输出

因为最大的数就是 max，让黄小猫显示 max 的值即可。

【举一反三】

1. 求输入的 n 个数中最小的数。

小提示：因为要求最小的数，所以设置 min 表示当前最小数，初始的值应该为一个比所有的数都大的数，可以设置为 100000000，然后在循环过程中，如果 x < min，则将 min 的值设置为 x 即可，如图 3-16 所示。

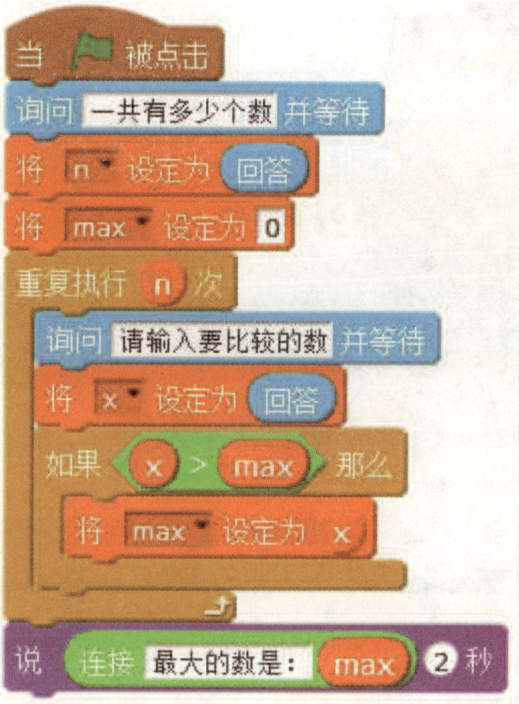

图 3-16

2. 求输入的 n 个数的平均值。

小提示：我们知道平均值＝所有数的和÷数的个数，那么我们只需要在每输入一个数之后将它和前面数加起来，就可以求出所有数的和。类似连续加法，设所有数的和为变量 sum，读入的数为 x，每次将 sum 的值设置为 sum ＋ x 即可，最后再用 sum÷n 就得到了平均数，如图 3-17 所示。

图 3-17

【知识总结】

1. 数的输入可以在循环中进行，实现输入很多个数的目的；

2. 求 n 个数的和，可以在循环的过程中，每读入一个数就将它累加到 sum 中，循环结束时 sum 就是答案。

3.3 加法心算测试器

【问题背景】

图 3-18

黄小猫的弟弟已经上小学一年级了，正在学习加法运算，黄小猫知道加法很重要，希望弟弟能够学好，于是他想要用 Scratch 制作一个加法心算测试器来帮助弟弟做加法练习，你能帮帮他吗？

【思维向导】

如图 3-19 所示。

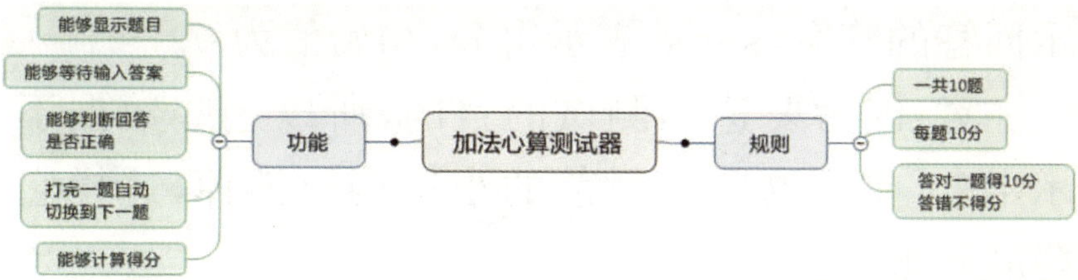

图 3-19

【算法设计】

如图 3-20 所示。

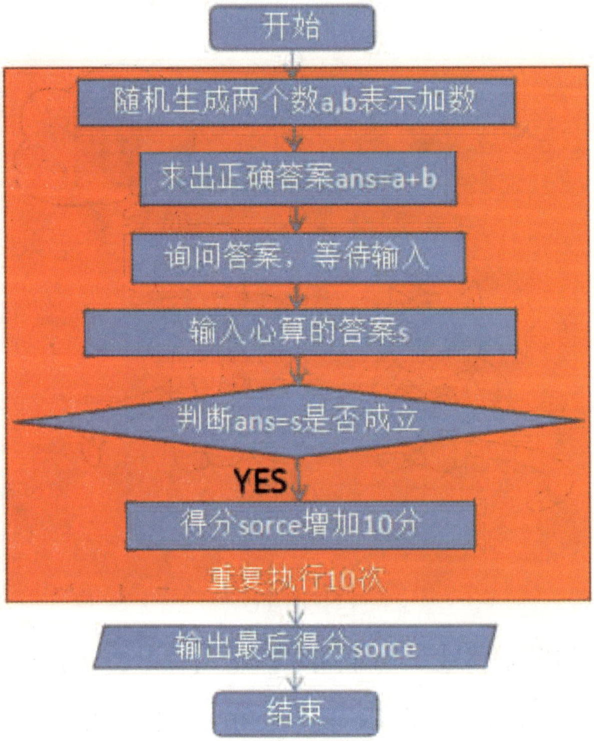

图 3-20

【编写程序】

1. 数据说明

设置变量 a、b 表示两个加数；ans 表示正确答案；s 表示回答的答案，sorce 表示得分，初始值为 0。

注意：因为要达到测试的目的，所以这些数据不能显示出来，要把这些变量前的小钩钩取消掉，这样它们就隐藏起来了。

2. 数据读入

因为数据由计算机随机生成，所以这个任务不需要读入数据，后面回答问题的输入，我们认为是作为数据处理的一部分。

3. 数据处理

（1）因为每轮测试有 10 道题目，所以使用循环指令，设置次数为 10 次；

（2）每次执行，使用 

指令将 a、b 的值设置为一个 1～50 以内的随机数（随机数的取值范围可以根据需要改变），并设置正确答案为 ans＝a ＋ b；

（3）让黄小猫显示“a＋b＝”，表示提问，用 s 获取回答；

（4）使用 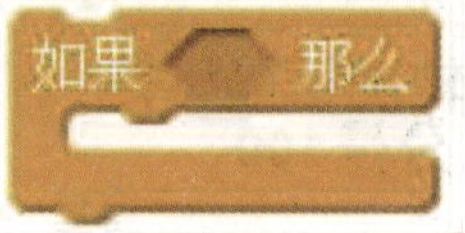

指令来判断回答正误，如果回答正确，显示“答对了，你真棒！”，并将得分 sorce 增加 10 分，如果答错了，显示“答错了，加油哦！”，如图 3-21 所示。

4. 数据输出

循环结束后，让黄小猫显示出得分 sorce，可以在前面加上提示信息“你本轮测试最终得分是”。

赶紧去试一试吧，看看自己能得到多少分呢？看，黄小猫的弟弟得了 100 分哦，如图 3-22 所示。

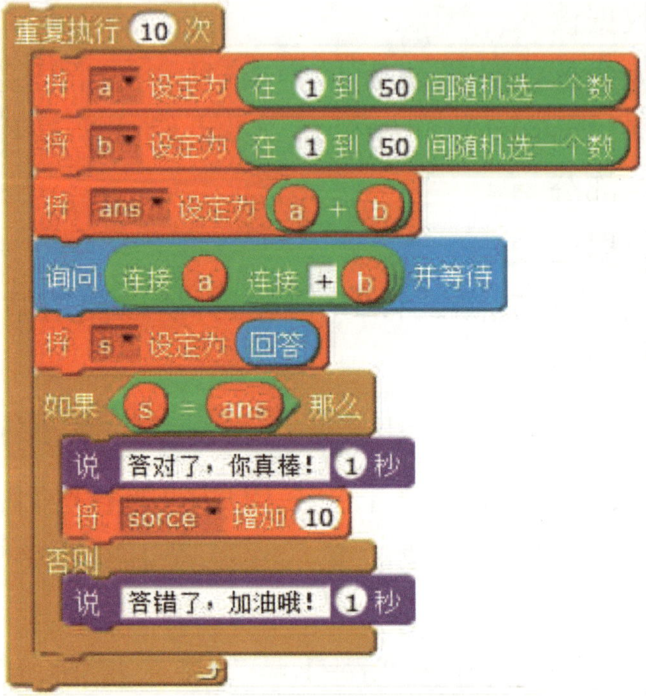

图 3-21

图 3-22

【举一反三】

1. 增加一个计时器，每轮测试结束显示用时多少秒。

小提示：指令中有“计时器”，使用它，在循环开始之前将计时器归零，然后在循环结束后输出时多输出一个计时器的时间就好啦，如图 3-33 所示。

图 3-33

2、增加减法运算，每道题可能是加法或者减法。

小提示：我们只需要将加数 b 的随机范围改为－50～50 之间，然后在显示问题的时候判断一下如果 b ＞－1，则显示 a＋b，否则显示 a－b，如图 3-34 所示。

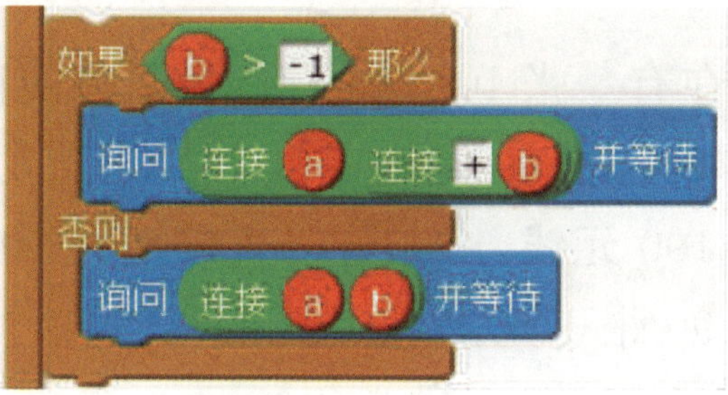

图 3-34

【知识总结】

1. 变量的值可以通过键盘输入，也可以通过计算机随机生成。

2. 随机生成数据的时候需要设定一个范围，这个范围可以是负数。

3. a－b 可以看作是 a＋(－b)。

3.4 换零钱

【问题背景】

图 3-35

黄小猫在有一张 100 元的钱，为了方便使用，他想把它换成 1 元、5 元和 10 元的零钱。黄小猫发现有很多种方案能换到 100 元钱，比如可以直接换成 100 张 1 元的；也可以换成 90 张 1 元，2 张 5 元的；还可以换成 10 张 10 元的，组合太多了，黄小猫觉得这是个有趣的问题，他想把所有方案都找出来，你能帮助他吗？

【思维向导】

如图 3-36 所示。

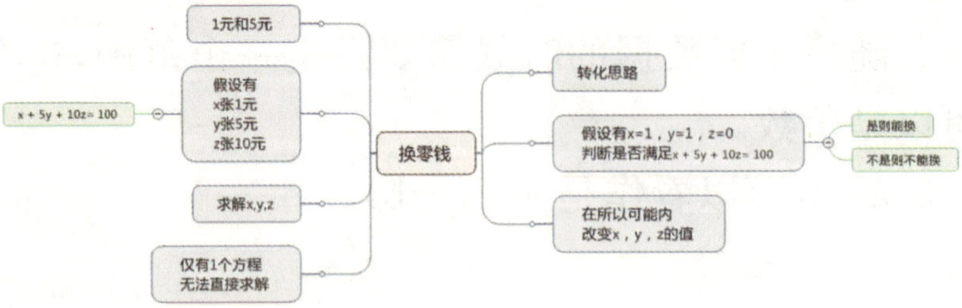

图 3-36

【算法设计】

如图 3-37 所示。

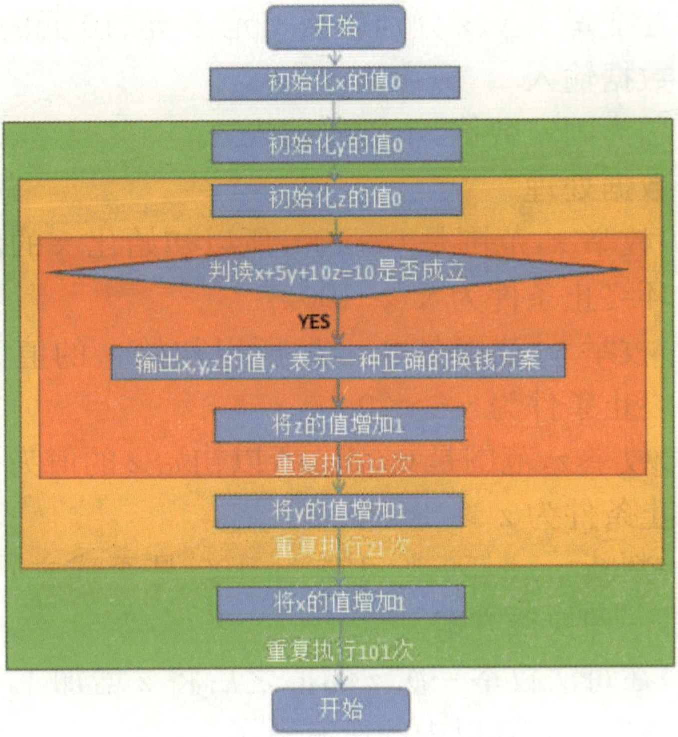

图 3-37

枚举法:枚举所有可能,判断是否满足题意。

本题使用枚举法能够很方便的求出答案,我们可以枚举 1 元的张数范围在 0—100,5 元的张数范围在 0—20,10 元的张数范围在 0—10,一共有 $101\times21\times11=23331$ 种可能的组合,这对于计算机来说一瞬间就可以完成。对于每一种组合判断是否符合题意,即是否满足 $x+5y+10z=100$,若是,则找到一种方案,以此类推下去就可以找出所有的方案。

【编写脚本】

1. 数据说明

设置变量 x、y、z 分别表示 1 元、5 元、10 元的张数。

2. 数据输入

本题为固定数据，不需要输入。

3. 数据处理

(1)枚举 x，范围是 0—100，所以初始化 x 的值为 0，设置循环终止条件为 $x > 100$。

(2)枚举 y，范围是 0—20，所以初始 y 的值为 0，设置循环终止条件为 $y > 20$。

(3)枚举 z，范围是 0—10，所以初始 z 的值为 0，设置循环终止条件为 $z > 10$。

(4)判断 $x + 5y + 10z = 100$ 是否成立，如果成立，则是一种换钱方案。

(5)在每次枚举一次 z 的值之后将 z 增加 1，这样就可以枚举出 0—10 以内的所有数了。

(6)在每次枚举一次 y 的值之后将 y 增加 1，这样就可以枚举出 0—20 以内的所有数了。

(7)在每次枚举一次 x 的值之后将 x 增加 1，这样就可以枚举出 0—100 以内的所有数了。

4. 数据输出

在数据处理的过程中，只要条件 $x + 5y + 10z = 100$ 成立，则此时的 x、y、z 就是一种换钱方案，输出此时的 x、y、z 值。输入的格式可以自己设置，只要显示出正确的方案即可。

如图 3-38 所示。

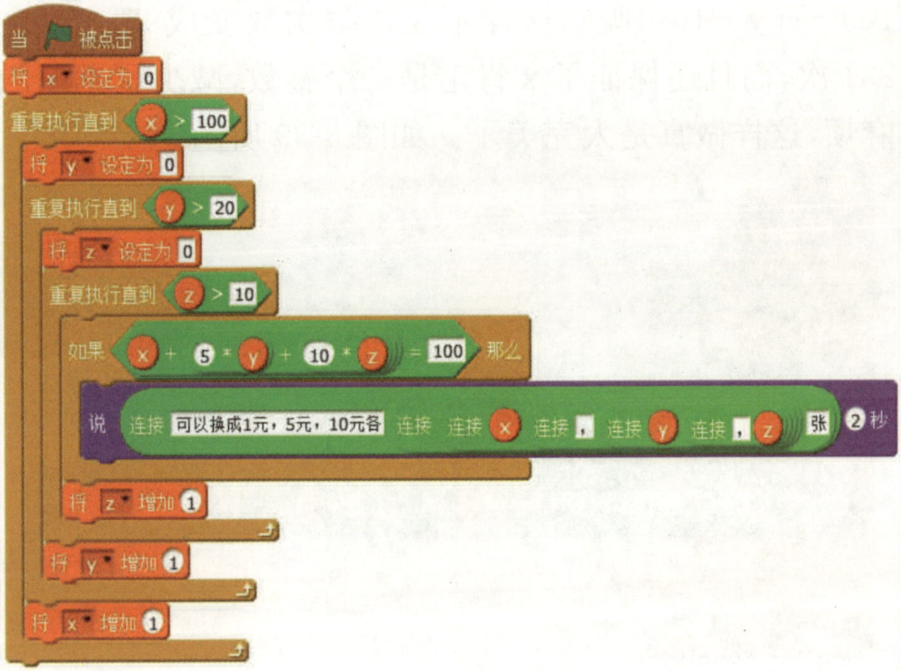

图 3-38

【举一反三】

怎么优化算法，使得枚举的次数尽可能地减少？

小提示：我们分析题目后发现，当枚举了 x 和 y 以后 z 就可以用 x 和 y 表示出来，即 z＝(100－(x＋5y))÷10。我们只需要判断 z 是否为整数(思考一下怎么判断)，如果是整数，则找到一种换钱方案，枚举所有的 x 和 y 后可以找到所有的方案。我们发现这样优化算法以后，枚举次数变成了 101 × 21 ＝ 2121 次，比之前的 23331 次减少了很多。

那就编写脚本吧……

按照这个思路，我们为什么不枚举 y 和 z，计算 x=100−(5y+10z)呢？这样不仅枚举次数变成 21×11=231 次，而且还保证了 x 肯定是一个整数，减少了判断的麻烦，这样做真是太完美了。如图 3-39 所示。

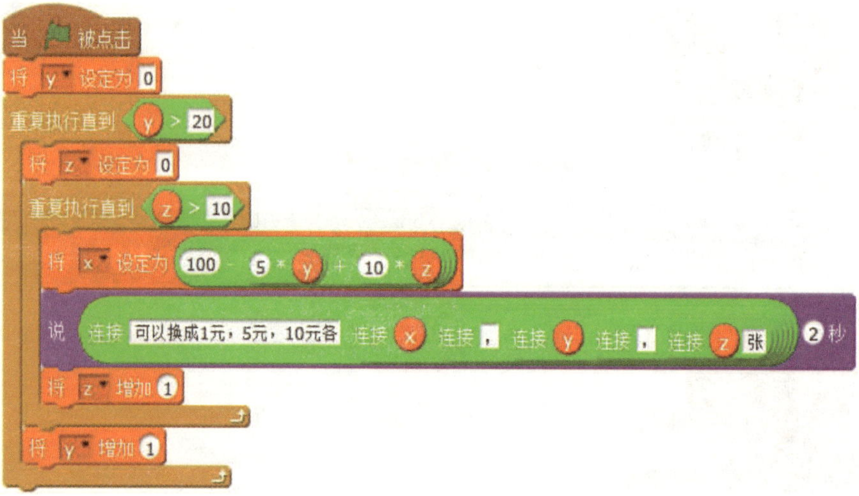

图 3-39

【知识总结】

1. 当一个循环指令里面又包含一个循环指令时，我们称之为循环嵌套。

2. 循环可以无限嵌套下去，但是每嵌套一次，循环次数就会乘以所嵌套的循环次数，所以时间增量非常大。

3. 循环嵌套一定要初始化变量的值，这样才能保证枚举到所有的组合。

我们的读书量

【任务背景】

4 月 23 日是世界读书日，应该算是全世界读书人的节日，今年是第 22 个世界读书日。中国与世界其他国家人均读书量有多少差距呢？关于这方面的报道很少，就让我们自己动手来调查一下身边的同学、老师、家长甚至陌生人的读书量吧，我们把数据汇总起来，与世界平均水平做一个比较。

【任务提示】

1. 自愿组成调查小组，组内分工协作，建议 5 人左右一个小组。

2. 3 人负责数据收集，随机访问若干同学、老师、家长、路上的行人等，记录下他们最近一年读了几本书。

3. 1 人负责开发 Scratch 程序，用于数据汇总，求出平均读书量。

4. 1 人负责使用网络资源，统计世界上其他大国的读书量，以及平均读书量。

5. 数据采集完成后，将其输入程序中，得出结果。

【任务成果】

根据调查结果，分析比较我们的读书量和世界平均水平的差别，写一篇调查报告，调查报告应主要包含以下内容：

简　　介

调查时间：

调查地点：

调查对象：

调查方法：

调 查 人：

调查分工：

正　　文

提出了什么样的问题

解决问题的经过，得出了什么样的结论

引发的思考